D1719201

Krista Feller

„Hallo, hier ist Nina!"

A. Weichert Verlag · Hannover

Inhalt

ISBN 3 – 483 – 01076 – 9

Gestaltung: Lilo Busch

Sämtliche Rechte vom Verlag vorbehalten.

© A. Weichert Verlag 1986 · Printed in Germany

Druck: Richard Dohse u. Sohn, 48 Bielefeld

Frau Peters ist immer allein

Die alte Frau Peters ist immer allein. Sie hat keine Kinder und keine Enkelkinder, also ist sie auch von niemandem die Großmutter.

Sie steht täglich am Fenster, guckt

auf die Straße hinunter und sieht
viele Menschen, die vorbeigehen, doch
niemand beachtet sie. Wer sollte denn
auch wissen, daß eine alte Frau dort
oben ist und wartet. Worauf wartet
sie wohl?

„Ach, es ist schrecklich, so allein",
klagt sie oftmals. „Wenn mich doch
einmal jemand besuchen würde!"

Aber dieser Wunsch erfüllt sich
nur selten, denn nicht einmal der
Briefträger klingelt oft bei ihr.
Sie erhält kaum Post, außer
der Reklame natürlich, aber das ist
ja kein Ersatz für einen Brief von
einem Menschen.

„Ach!" Frau Peters seufzt heute
wieder einmal tief auf, „ach, es ist

doch schlimm, immer so allein zu sein!"

Sie gießt behutsam ihre Blumen, die auf der Fensterbank stehen: ein blaues Veilchen, ein Topf mit grünem Efeu und noch eine Pflanze, deren Namen sie nicht kennt. Aber weil sie so schön leuchtend rot blüht, hat sie sich diese Blume auf dem Markt gekauft.

„Ich werde mir jetzt etwas kochen", sagt sie zu sich selbst, „eigentlich habe ich gar keinen Hunger, aber der Mensch muß etwas essen, da hilft alles nichts!"

Sie geht in ihre kleine Küche hinüber und fängt an, ein bißchen Gemüse zu putzen, ein paar Kartoffeln zu schälen und ein Stückchen Fleisch zu braten.

,Es ist wirklich traurig, so allein zu sein! Wie schön wäre es, wenn jemand mit mir essen würde', denkt Frau Peters und kommt sich ganz verlassen vor.

Nina ruft an

Drrr! Ein lauter Ton durchdringt
auf einmal die Stille der Wohnung.
Frau Peters zuckt zusammen.

„Das ist ja das Telefon", ruft die
alte Frau. Nach langer Zeit klingelt
bei ihr wieder einmal das Telefon.

‚Es wird bestimmt eine falsche Verbindung sein', denkt sie, läuft aber so schnell sie kann hinüber ins Wohnzimmer an den Telefonapparat.

„Ja, hier Peters", ruft sie erwartungsvoll.

Niemand meldet sich.

„Hier ist Frau Peters", wiederholt sie, „wer ist denn dort?"

„Hier ist Nina!"

„Nina?" fragt Frau Peters, „wer ist Nina?"

„Ich bin Nina", antwortet ein Kind am anderen Ende der Leitung. Die Stimme klingt nach Tränen.

Frau Peters überlegt einen Augenblick lang. Kennt sie eine Nina?

Vielleicht aus der Nachbarschaft?
Aber nein, sie hat keine Ahnung,
wer das Kind ist.

„Hallo, Nina", sagt sie trotzdem
erfreut, denn sie ist froh, mit jeman-
dem zu sprechen, auch wenn sie diesen
Jemand überhaupt nicht kennt, das
macht doch nichts!

„Warum rufst du mich denn an?"
möchte sie wissen und lauscht ge-
spannt.

„Ich habe Angst", wispert die
Kinderstimme sehr leise, „ich habe
schon eine ganze Weile Angst."

„Angst?" fragt Frau Peters ganz
aufgeregt, „wieso hast du denn
Angst?"

„Weil ich ganz allein bin", erklärt

Nina. „Meine Mami ist nicht da,
und ich fürchte mich."

Frau Peters hört das Kind atmen,
laut und hastig. In ihrem Kopf
überschlagen sich die Gedanken.
Was soll sie bloß sagen, was kann
sie tun?

„Woher hast du meine Telefonnummer?" fragt sie dann.

„Ich hab' ganz einfach ein paar
Nummern gedreht", antwortet Nina
leise.

„Aha", Frau Peters überlegt weiter.
Dann fragt sie: „Wie alt bist du denn,
kennst du schon die Zahlen?"

„Ich werde sechs", sagt Nina, „und
ich komme schon bald in die Schule!"
Ihre Stimme klingt auf einmal

fester und lauter. „Ich kann sogar schon ein bißchen schreiben", fügt sie voller Stolz hinzu.

„Auch Zahlen?" will Frau Peters wissen.

„Hmm, von eins bis zehn", antwortet Nina.

„Das ist schön!" freut sich Frau Peters, „ich habe eine gute Idee. Ich sage dir jetzt meine Telefonnummer, und du schreibst dir die Zahlen auf. Wenn du wieder Angst bekommst, rufst du mich einfach an, und wir reden miteinander. Hast du mich verstanden?"

„Ja, das ist fein!" ruft Nina laut. „Ich hole Papier und Bleistift, warte aber auf mich, ja?"

„Natürlich!" Frau Peters ist erst einmal erleichtert. Dann wartet sie ungeduldig am Telefon, weil es so lange dauert. Wo bleibt Nina nur?

Endlich meldet sie sich: „Ich bin wieder da", sagt sie fröhlich.

Frau Peters ist froh. „Schreib' nun auf", sagt sie zu Nina, „erst eine Fünf, dann eine Eins, eine Vier und noch eine Vier und dann die Zwei. Hast du das?"

„Ja!" ruft Nina stolz.

„Kannst du mir die Zahlen nun auch vorlesen?" fragt Frau Peters.

„Ja!" Ninas Stimme klingt sicher. „Fünf, eins, vier, vier, zwei", sagt sie ganz schnell.

„Richtig!" Frau Peters ist zufrieden. „Ich bin den ganzen Tag zu Hause..." fängt sie an zu erzählen, aber noch ehe sie ausgesprochen hat, legt Nina unerwartet den Hörer auf. Das Gespräch ist zu Ende. Was nun?

Frau Peters macht sich Sorgen

Frau Peters macht sich Sorgen. Warum hat Nina so plötzlich den Hörer aufgelegt?

„Ich wollte sie doch noch nach ihrer Adresse fragen, und ihre Telefonnummer wollte ich mir geben lassen!"

Sie ist mit sich selbst unzufrieden. ‚Ich hätte viel mehr fragen müssen', denkt sie bei sich.

Sie kehrt in die Küche zurück. „Nina ruft bestimmt gleich wieder an", tröstet sie sich, während sie anfängt, ihr Mittagessen zu kochen. Aber sie ist nicht ganz bei der Sache. Sie denkt an das Kind, das allein in der Wohnung ist und vielleicht wieder große Angst hat.

Wenn Nina nun doch nicht die Zahlen wählen kann? Frau Peters ist sehr beunruhigt.

Eine Stunde vergeht. Frau Peters ißt ihr Mittagessen, aber es schmeckt ihr gar nicht. Sie lauscht auf das Telefon, aber es bleibt stumm!

Während sie das Geschirr abwäscht, vermeidet sie jedes laute Klappern, um das Telefon nicht zu überhören. Schließlich setzt sie sich ins Wohnzimmer, in den großen Sessel, und obwohl sie ihr Mittagsschläfchen halten will, muß sie immer an Nina denken.

„Ruf' doch an", flüstert sie, aber das Telefon bleibt still.

Noch ein Anruf

Drrr! Die alte Frau zuckt zusammen. Sie ist doch ein bißchen
eingenickt. Drrr! Das Telefon läutet.
Schnell springt Frau Peters auf.
Das wird Nina sein!

Ja, die hohe Kinderstimme meldet sich wieder: „Hallo, hier ist Nina!"

„Hallo, Nina!" Voller Freude antwortet Frau Peters. „Ich bin froh, daß du dich wieder meldest, ich habe schon auf deinen Anruf gewartet!"

„Wirklich?" Nina scheint sich zu freuen. „Ich hatte aber keine Angst mehr", sagt sie mit ruhiger Stimme, „ich habe nämlich gemalt."

„Was denn?" fragt Frau Peters.

„Eine Oma, die mit mir spazierengeht."

„Oh, ein Bild von deiner Oma und dir", sagt Frau Peters.

„Nö, nicht meine Oma," antwortet Nina langsam, „ich hab' doch gar keine Oma, und auch keinen Vati", fügt sie hinzu, „darum arbeitet meine Mutti, und darum bin ich heute mittag allein. Sonst bin ich im Kindergarten, aber seit gestern hab' ich Schnupfen."

‚Ach, das arme Kind', denkt Frau Peters, und schnell bittet sie: „Sag' mir doch auch deine Telefonnummer und wo du wohnst."

„Warum?" fragt Nina zurück.

„Damit ich dich auch einmal anrufen kann", erklärt Frau Peters.

„Hast du denn auch Angst?" will
Nina wissen.

„Nein!" Frau Peters schüttelt den
Kopf. „Nein, Angst habe ich nicht,
aber ich bin auch allein."

„Hast du auch keinen Vati?" fragt
Nina.

„Dafür bin ich schon zu alt", erklärt
Frau Peters, „aber ich habe keinen
Mann und keine Kinder."

„Oh!" mitleidig seufzt Nina auf,
„und auch keinen Hund, keine Katze
und keinen Vogel?" fragt sie weiter.

„Nichts von alledem", sagt Frau
Peters, „darum freue ich mich, wenn
ich dich anrufen könnte."

„Hmm", flüstert Nina, und auf
einmal fängt sie an, ihre Telefonnummer zu sagen: „Drei, sieben, vier,
sechs, eins", ruft sie, „und ich wohne
in der Gartenstraße zehn."

Frau Peters sucht nach Papier und
Bleistift.

„Dann ruf' mich gleich mal an",
sagt Nina und legt den Hörer auf.

„Nina, halt!" Frau Peters seufzt.
Sie hat die Zahlen so schnell nicht
mitschreiben können. Wie waren sie
denn nur? „Drei, vier", fängt sie an
zu zählen, „aber was kam dann,
eine Sieben, oder kam die vorher?"
‚Ach, jetzt habe ich nicht genau auf-
gepaßt', denkt sie, ‚jetzt kann ich
wieder nicht anrufen. Was soll ich
denn jetzt nur machen?' Frau Peters
ärgert sich über sich selbst.

Gespräch mit Ninas Mutti

Gerade, als sich Frau Peters in den
Sessel gesetzt hat, klingelt das Telefon.
„Ja, Nina", ruft Frau Peters sofort,
als sie den Hörer aufnimmt.
„Guten Tag, mein Name ist Mertens,

ich bin Ninas Mutter", sagt eine fremde Stimme.

„Oh, guten Tag!" Frau Peters atmet auf. Wie gut, daß sich Ninas Mutter meldet.

„Ich möchte mich bei Ihnen bedanken", sagt Frau Mertens, „ich bin so froh, daß Sie mit Nina gesprochen haben, und daß Sie die Kleine trösten konnten."

„Sie hatte Angst", gibt Frau Peters zur Antwort.

Ninas Mutter zögert einen Augenblick lang. „Ja", meint sie dann leise, „es war dieses Mal niemand da, der mich hätte im Büro vertreten können, und so mußte Nina mal allein bleiben."

Frau Peters hört zu und sagt schließlich: „Darum habe ich ihr ja auch meine Telefonnummer gegeben. Sie kann mich immer anrufen, jederzeit. Aber ...", die alte Frau greift nach dem bereitgelegten Bleistift, „bitte geben Sie mir noch einmal Ihre Nummer, damit ich auch anrufen kann. Selbstverständlich nur, wenn es Ihnen recht ist."

„Natürlich, ich würde mich freuen, wenn Sie bei solcher Gelegenheit, wenn Nina nicht im Kindergarten ist, an sie denken würden", antwortet Frau Mertens.

„Und ich freue mich auch!" schreit Nina aus dem Hintergrund.

Frau Peters lächelt und schreibt sich schnell die Telefonnummer auf.

30

„Drei, sieben, vier, sechs, eins", wiederholt sie die Zahlen. „Bis bald also."

„Ja", die Stimme von Ninas Mutter klingt erleichtert, „und nun wünsche ich Ihnen noch einen schönen Abend!"

„Viele Grüße von mir", ruft Nina ganz laut, und Frau Peters sagt: „Danke, und viele Grüße an Nina!"

Frau Peters wartet

Am nächsten Tag wartet Frau
Peters auf einen Anruf von Nina, aber
der kommt nicht. Als sie am Nach-
mittag selbst anruft, meldet sich
niemand. So versucht es Frau Peters

am folgenden Morgen. Wieder nimmt niemand den Hörer auf.

Nanu, Frau Peters guckt im Telefonbuch unter Mertens nach, doch die Nummer stimmt.

Vier Tage lang bemüht sie sich, Nina zu erreichen, aber ohne Erfolg.

„Komisch!" sagt Frau Peters, „aber ich will mich ja auch nicht aufdrängen."

Sie setzt sich wieder in ihren Sessel, und da klingelt plötzlich das Telefon.

„Nina!" ruft Frau Peters, „Nina, bist du es?"

Nun dringt ein Weinen an ihr Ohr, ein leises Schluchzen. „Ich habe wieder Angst", wispert die Kinderstimme, „ich habe doch wieder Angst!"

„Aber nein", tröstet Frau Peters,

„wir sprechen doch zusammen, du bist gar nicht allein! Ich habe schon ein paarmal versucht, dich anzurufen, aber ...".

Sie wird von Nina unterbrochen: „Ich war mit meiner Mami verreist, das war aber nicht schön."

„Nicht schön? Wieso?" fragt Frau Peters.

„Weil meine Mami immer geweint hat." Nina sagt das ziemlich leise.

„Geweint?" wiederholt Frau Peters, „warum denn?"

„Weil wir immerzu auf dem Friedhof waren, bei meinem Vati!"

„Ach, Kind", sagt Frau Peters mitleidig, „das ist ja schlimm!"

„Hmm!" Nina seufzt. „Bist du auch wieder allein?" fragt sie plötzlich, „ist auch keiner bei dir?"

„Keiner", meint Frau Peters.

„Bist du so alt wie eine Oma?" will Nina wissen.

Ein bißchen muß Frau Peters lächeln. „Ja", sagt sie dann, „ich bin bestimmt so alt, wie du dir eine Oma vorstellst."

„Kannst du denn nicht meine Oma werden?" fragt Nina weiter, „kannst du nicht zu mir kommen?"

Ach, wenn das ginge! Frau Peters seufzt. ‚Ich würde dem Kind so gern helfen', denkt sie, aber laut sagt sie: „Ich weiß ja gar nicht, ob deine Mami einverstanden wäre."

„Doch, bestimmt!" ruft Nina.

Frau Peters überlegt: „Gut, sag' ihr, sie möchte mich bitte anrufen."

„Au, fein!" Nina gluckst vor Vergnügen. „Tschüss", ruft sie fröhlich und legt den Hörer auf.

Ein guter Vorschlag

Am frühen Abend klingelt das Telefon, gerade als Frau Peters ihr Abendbrot ißt.

„Ja, bitte?" Sie hat noch einen Bissen im Mund, weil sie so schnell an den Apparat gelaufen ist.

„Guten Abend, Frau Peters", sagt Ninas Mutter, „ich soll Sie anrufen?"

„Ja!" Frau Peters atmet hastig. Nun muß sie sagen, was sie sich mit Nina ausgedacht hat. Sie holt tief Luft und fragt dann zögernd: „Was halten Sie davon, wenn ich die Großmutter von Nina würde?"

Einen Augenblick bleibt es still in der Leitung. Frau Peters hört nur das leise Atmen von Ninas Mutter, und erst nach einer Pause kommt deren Stimme: „Ich bin überrascht", sagt sie.

„Natürlich!" Frau Peters lächelt, „mein Vorschlag klingt ja auch ein bißchen ungewöhnlich."

Frau Peters erzählt von sich und

ihrer Einsamkeit und spricht davon, wie sehr sie sich freuen würde, das kleine Mädchen zu betreuen. „Ich würde so gern Nina und Ihnen helfen", sagt sie zum Schluß leise.

Auch Frau Mertens erzählt von ihrem Leben. Ihre Stimme klingt traurig, aber plötzlich bittet sie: „Besuchen Sie uns doch am Sonntag!"

Frau Peters lacht, ihr Gesicht strahlt. „Gern", ruft sie, „Gartenstraße zehn, nicht wahr?"

Der Besuch

Am Sonntag, als Frau Peters an
der fremden Wohnungstür klingelt,
wird sofort aufgemacht, und ein
kleines Mädchen stürmt heraus. Es
ist Nina.

„Wirst du nun meine Oma?" ruft sie laut und aufgeregt. An beiden Händen zieht sie die alte Frau in die Wohnung hinein.

„Guten Tag, Frau Peters!" Ninas Mutter lächelt. Beide Frauen gefallen sich. Und Nina geht es nicht anders. Sie ist begeistert und ihre blauen Augen strahlen vor Freude. Mit roten Wangen steht sie vor der alten Frau und guckt sie sich ganz genau an.

„Du gefällst mir sehr gut", sagt sie ehrlich überzeugt, „du bist genau so nett, wie du am Telefon sprichst!"

„Und du bist auch so, wie ich es mir vorgestellt habe", antwortet Frau Peters und streicht Nina zärtlich über das blonde Haar, das in kurzen Locken das runde Kindergesicht einrahmt. „Ja, ganz genau so habe ich dich mir vorgestellt", wiederholt sie noch einmal und lacht fröhlich.

„Dann bist du auch meine Oma", erklärt Nina entschieden, „wann fangen wir damit an?"

„Na, am besten sofort", meint Frau Peters glücklich.

Alle drei lachen übermütig und freuen sich, weil sie sich so gut verstehen.

Ninas Mutter bittet zum Kaffee. Sie hat einen großen Napfkuchen gebacken, und Nina fängt trotz der Aufregung sofort an, ein großes

Stück davon zu vertilgen. Man sieht, daß es ihr schmeckt.

Seit diesem Sonntag hat Nina nun eine Großmutter, so, wie sie es sich gewünscht hat.

Die alte Frau Peters und Nina verstehen sich ausgezeichnet. Sie unternehmen viel zusammen, sie gehen in

den Zoo oder kaufen miteinander
ein, sie bummeln durch die Stadt
und machen Spaziergänge im Park,
und einmal besuchen sie sogar eine
Kindervorstellung im Theater.

„Du bist ganz prima", sagt Nina
immer wieder, „ich bin ja so froh,
daß es dich gibt!"

„Und ich erst", antwortet die alte
Frau glücklich und freut sich von
ganzem Herzen, nun nicht mehr
allein zu sein.